はじめに

20代半ばに憧れの29cmの大きな黒のココット オーバルを勇気を出して買ったのが、私とストウブの最初の出会いです。

ゴールドのふたの持ち手と黒のボディがリッチな雰囲気で、キッチンに置いても食卓に置いても、違和感なく空気のようにわが家になじんでくれています。時がたつにつれてより愛着が湧き、どんどん可愛く思えてくる不思議な鍋、ストウブ。

最初に買った大きなココット オーバルは、ほぼ参鶏湯専用になっていますが、たまにビーフシチューをことこと煮込みます。かたいすじ肉やすね肉もとろとろになり、究極のおいしい煮込みになります。そのほかにも、さまざまなサイズのココット ラウンド、手のひらサイズの小さな小さなココット オーバルなど、いつの間にかずいぶんたくさんのストウブが集まりました。

最近では、18cmのココット ラウンドを毎日のように使っています。肉と野菜を入れてちょっとした煮ものを作ったり、ご飯2合を炊いたり、野菜を蒸し焼きにしたり……。小さくて、軽くて（大きなストウブにくらべれば！）、使いやすいし、洗うのもの楽チンなお気に入りのサイズです。

ストウブが得意とするのは、なんといっても煮込み料理です。素材の味を最大限に引き出してくれる天才鍋。ガッツリ肉とゴロゴロ野菜を鍋に入れ、シンプルな調味料を加えてふたをして煮るだけ。手間はほとんどかからないのに、味はプロ級です。テーブルに鍋ごとドーンと出して豪快で華やかなセッティングができるのも、ストウブならでは。鍋から好きなだけお皿によそって、みんなでワイワイ囲む食卓が大好きです。

私同様、みなさんもストウブで作る料理の魅力に取り憑かれてみてください。毎日の料理が楽しくなり、笑顔が増えて心が弾みますよ。

野口真紀

「一肉一菜」は
こんな料理

「一肉一菜」は、主役の具材が「肉」と「野菜」1種ずつ。
ひとつの鍋で一緒に煮上げます。

「一肉一菜」6つのメリット

Merit #1	ひとつの鍋で肉と野菜を料理するから、**相乗効果でおいしさアップ**	
Merit #2	一品で肉も野菜もとれて**満足感があり、栄養バランスもいい**	
Merit #3	調理手順がシンプルだから、**初心者にも作りやすい**	
Merit #4	鍋ひとつで料理が完成するから、**洗いものが少なくてすむ**	
Merit #5	食材を何種類も買い込まなくていいから、**買いものがラク**	
Merit #6	忙しいときはこれ一品で献立完了。**気持ちに余裕ができる**	

「一肉一菜」煮込み料理のこつ

「一肉一菜」が一番得意なのは、煮込み料理。
鍋まかせでことことと煮込むだけで、肉と野菜のおいしさが渾然一体になります。
シンプルな手順だからこそ、ちょっとしたこつでおいしさがアップします。

肉は煮込むほど
やわらかくなる

肉は煮込み時間が長くなるほど、やわらかくなります。かたまり肉を煮込むときは「火が通ったら加熱終了」ではなく、そこからさらに煮続けることで、ほろほろ、とろりとした煮上がりになります。

野菜は
ごろっと大きく

野菜は長く煮込むと煮くずれするので、長時間煮込む場合には野菜を丸のまま使うか、大ぶりに切ります。短時間で蒸し焼き、蒸し煮にするときは、薄め、小ぶりで大丈夫。

冷めるまでおいて
味をしみ込ませる

煮ものは冷めていく過程で味がしみ込みます。煮上がってすぐに食べるより、鍋のまま冷めるまでおくことで素材の中までしっかりと味がしみます。食べるときに温め直しましょう。

staubは
こんなところが優秀です

ストウブはフランス・アルザス地方生まれ。
多くの星付きレストランのシェフたちを魅了してきました。

ストウブ 3つのメリット

熱をたくわえる力が強い

ストウブは砂型に鋳鉄（ちゅうてつ）を流し込んで作られています。鉄製で厚手だから熱をたくわえる力に優れ、一度温まったらごく弱火でも高温をキープできます。また、頑丈なので何代にもわたって使い続けられます。

食材がこびりつきにくい

内側には、黒マット・エマイユ（ほうろう）加工が施されて細かな凹凸があります**a**。この凹凸が食材のこびりつきを防ぎ、お手入れをラクにしてくれます。

蒸気を閉じ込めてジューシーに

ふたは蒸気が外にもれにくい構造で、閉じ込められた蒸気はふたの裏の突起**b**（ピコやシステラ）をつたって水滴として食材に降り注ぎます（アロマ・レイン）。鍋の中で蒸気を循環させて、うまみや香りを逃さず食材をふっくらジューシーに仕上げるのです。ふたを開けるときは、水滴を中に落としましょう**c**。

〈 使い方のポイント 〉

・ガスコンロ、IHクッキングヒーター、オーブンで使用できます。電子レンジでは使用できません。
・鍋が温まるまでは中火で熱し、温まったら弱火にします。
・火からおろしても余熱が長く続くので、その時間も調理時間の一部と考えましょう。
・鍋の持ち手もふたのつまみも熱くなるので、ミトンや厚手のふきんを使いましょう。
・内側の黒マット・エマイユ（ほうろう）加工を傷つけないよう、キッチンツールは木やシリコン製を使いましょう。

staubは色も形も いろいろあります

豊富なカラーバリエーションは、
エマイユ（ほうろう）加工によるもの。
形やサイズも豊富で選ぶ楽しさがあります。

<上段左から>

チェリー／グランド・ココット（深型）20㎝	カンパーニュ／ピコ・ココット ラウンド 20㎝
ブラック／ピコ・ココット オーバル 23㎝	グレナディンレッド／ピコ・ココット ラウンド 18㎝
シフォンローズ／ピコ・ココット ラウンド 16㎝	グレー／ピコ・ココット オーバル 17㎝
グランブルー／ピコ・ココット ラウンド 24㎝	ブラック／ブレイザー・ソテーパン 24㎝

＜左から＞
グレー／ピコ・ココット オーバル 23㎝
グレー／ピコ・ココット オーバル 17㎝
チェリー／グランド・ココット（深型）20㎝
ブラック／ピコ・ココット ラウンド 18㎝

＜左から＞
カンパーニュ／ブレイザー・ソテーパン 24㎝
グレー／ピコ・ココット オーバル 17㎝
シフォンローズ／ピコ・ココット ラウンド 16㎝

Contents

豚肉で一肉一菜
Pork

ゆで豚＋蒸し焼き野菜で一肉一菜

staub on the Table #01

鶏肉で一肉一菜
Chicken

ゆで鶏＋蒸し焼き野菜で一肉一菜

ひき肉で一肉一菜
Ground Meat

staub on the Table #02

牛肉・ラム肉で一肉一菜
Beef & Lamb

この本のレシピについて

○小さじ1は5㎖、大さじ1は15㎖、1合は180㎖、1カップは200㎖です（いずれもすり切り）。

○塩は自然塩を使用しています。

○特に指定のないこしょうは、黒こしょうを細かくひいたものを使っています。白こしょうでもかまいません。

○サラダ油はなたね油、米油、太白ごま油など、クセのない植物油で代用できます。

○特に指定のないしょうゆは、濃口しょうゆを使っています。

○特に指定のない砂糖は、きび糖、てんさい糖、上白糖など、お好みのものを使ってください。

○特に指定のないだしは、昆布とかつお節の合わせだしを使っています。お好みのだしで代用できます。

○バターは有塩バターを使っています。

○料理に使用したストウブの形・直径をマークにして各レシピに付記しました。同じものでなくても、同程度の底面積または容積のストウブで代用できます。

○火加減や温度、加熱時間は目安です。使う鍋の大きさ、加熱機器の種類、食材の持つ水分量の違いなどでも変わってきます。途中で必ず様子を見て調節してください。

豚肉で

肉菜一菜

Pork

豚肩ロースと りんごの ポットロースト

材料 と 作り方　4人分

豚肩ロース肉（ブロック）—— 500g
りんご —— 大1個
玉ねぎ —— $1/2$個
にんにく —— 3かけ
タイム —— 4〜5枝
オリーブ油 —— 大さじ2
塩・粗びき黒こしょう —— 各適量
マスタード —— 好みで適量

23cm
［ オーバル ］

1 豚肩ロース肉はポリ袋に入れ、塩大さじ$1/2$をまぶしてもみ込み、冷蔵庫で半日以上おく（3日間冷蔵保存可能）。

2 1の豚肉を取り出し、水分をふき取る。りんごは4等分に切って芯を取る。玉ねぎは薄切りにし、にんにくは半分に切って芯を取る**a**。

3 鍋にオリーブ油を中火で熱し、豚肉を全面香ばしく焼き**b**、取り出す。

4 3の鍋で玉ねぎをしんなりするまで炒め、3を戻す。肉のまわりにりんごとにんにくを並べ入れ、上にタイムをのせ、ふたをしてごく弱火で30分〜40分蒸し焼きにする。火を止めてそのまま20分ほどおいて、余熱で火を通す。

5 豚肉を好みの厚さに切って器に盛り、りんご、にんにく、玉ねぎを添え、鍋にたまった焼き汁をかける。塩と粗びきこしょうをふり、マスタードを添える。

真紀メモ

とろとろに煮えたりんごが豚肉によく合います。鍋まかせで手がかからないのに見映えがするので、おもてなしにもおすすめ。肩ロースの代わりにもも肉でもOK。にんにくがお好きなら、2株分くらいを皮つきのまま入れても！

豚バラと
しいたけの魯肉飯
ルー　ロー　ファン

[深型ラウンド]

材料 と 作り方　4人分

豚バラ肉（ブロック）—— 500g

しいたけ —— 4枚

砂糖 —— 大さじ2

Ⓐ
- 紹興酒（または酒）—— 大さじ2
- しょうゆ —— 大さじ2
- オイスターソース —— 大さじ2
- 水 —— 1カップ
- にんにく（半分に切って芯を取る）
　—— 2かけ分
- しょうが（薄切り）—— 2かけ分
- 八角（スターアニス）—— 2個

ゆで卵 —— 4個

サラダ油 —— 大さじ1

温かいご飯 —— 適量

高菜漬け・紅しょうが —— 好みで各適量

1 豚バラ肉は2cm角に切る。しいたけは軸を落として薄切りにする。

2 鍋にサラダ油を中火で熱し、豚肉をよく炒める。しみ出した脂をペーパータオルなどで吸い取る。

3 2に砂糖を加えて豚肉にしっかりとからめ、Ⓐを加えてひと混ぜする。煮立ったらゆで卵を加え、ふたをしてごく弱火で1時間以上煮る。

4 器にご飯をよそい、3の豚肉としいたけを盛る。卵を半分に切って盛り合わせ、高菜漬けと紅しょうがを添える。

真紀メモ

台湾料理の魯肉飯は甘辛い味つけで大人気。本来は肉だけの煮込みですが、しいたけで風味と食感をプラス。もちろん、しいたけ抜きでもいいし、しいたけの代わりにれんこんでもOK。

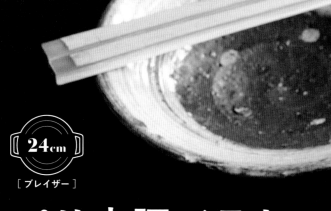

24cm
[ブレイザー]

ピリ辛豚バラと
さつまいもの重ね蒸し

材料と作り方　4人分

豚バラ肉（薄切り）—— 300g
さつまいも —— 2本

Ⓐ
- しょうゆ・甜麺醤 —— 各大さじ1
- 豆板醤 —— 小さじ2
- にんにく（すりおろし）—— 1かけ分
- しょうが（すりおろし）—— 1かけ分
- 紹興酒（または酒）—— 大さじ1
- 砂糖 —— 小さじ1
- ごま油 —— 大さじ1

サラダセロリ（またはパクチー）—— 適量

1 豚バラ肉は4cmほどの長さに切る。さつまいもは7〜8mm
　　厚さの輪切りにする。

2 ボウルにⒶを入れて混ぜ、豚肉を加えてしっかりもみ込む。

3 鍋にさつまいもと**2**を交互に少しずつ重ねながらリング状
　　に並べる。水大さじ2を加え、ふたをして中火にかけ、鍋
　　が温まったらごく弱火にして20分ほど蒸し焼きにする。
　　火からおろし、ざく切りにしたサラダセロリを添える。

真紀メモ

ほくほくのさつまいもと中華風ピ
リ辛味の豚肉がいいコンビ。香り
のある葉ものを添えてどうぞ。さ
つまいもの代わりにじゃがいもや
れんこんでもOK。

豚バラの梅干し煮

材料 と 作り方　4人分

豚バラ肉（ブロック）—— 500g
にんにく —— 2かけ
酒 —— $1/2$カップ
砂糖 —— 大さじ2
梅干し（塩分15％前後）—— 4個
しょうゆ —— 大さじ3
ほうれん草（塩ゆで）—— 好みで適量

1 豚バラ肉は5cm角に切り、熱湯でさっとゆでてざるに上げる。にんにくは半分に切って芽を取る。

2 鍋に**1**、酒、砂糖、水2カップを入れて中火にかける。煮立ったらアクを取り、ふたをしてごく弱火で30分ほど煮る。

3 梅干しとしょうゆを加え、再びふたをして40分ほど煮る。肉が箸で切れるくらいやわらかくなったら、ふたを取ってときどき混ぜながら、煮汁が半量になるまで中火で煮詰める。

4 器に盛り、ゆでたほうれん草を食べやすく切って添える。

梅干しはバラ肉の脂っこさをさっぱりさせる最高の調味料。塩分控えめの梅干しを使う場合は、しょうゆの量で調節を。

真紀メモ

煮込むほどに肉がほろほろにやわらかくなり、梅干しとにんにくは煮くずれて煮汁に溶け込みます。にんにくを増量するのもおすすめ。

豚肩ロース肉 × 長ねぎ

23cm
［オーバル］

豚肩ロースと
長ねぎのみそ煮込み

真紀メモ

甘めのみそ味がしみた長ね
ぎはとろっとろの煮上が
り。長ねぎの代わりに新玉
ねぎでもOK。

材料と作り方　3人分

豚肩ロース肉（とんかつ用厚切り）
　　── 3枚
長ねぎ ── 2本
しょうが（薄切り）── 2かけ分
Ⓐ ┌ みそ ── 大さじ3
　 └ 砂糖・酒 ── 各大さじ2

1 豚肩ロース肉は半分の長さに切り、熱湯でさっと
ゆでてざるに上げる。

2 長ねぎは10cm長さに切る。

3 鍋に**1**、しょうが、水2カップを入れて中火にか
ける。煮立ったらアクを取り、ふたをしてごく弱
火で30分ほど煮込む。**2**、混ぜて溶いたⒶを加え、
再びふたをして20分ほど煮る。

23cm

［オーバル］

豚バラと新玉ねぎの
和風しょうが煮

真紀メモ

豚バラ肉の脂をまとって、とろりと甘く煮えた新玉ねぎが主役です。新玉ねぎの代わりに長ねぎでもOK。

材料と作り方　4人分

豚バラ肉（薄切り）—— 300g
新玉ねぎ（なければ玉ねぎ）—— 1個
しょうが —— 2かけ
Ⓐ ┌ しょうゆ —— 大さじ3
　 │ 砂糖 —— 大さじ1
　 └ 酒・みりん —— 各大さじ3

1 豚バラ肉は半分の長さに切り、熱湯でさっとゆでてざるに上げる。

2 玉ねぎは8等分のくし形切り、しょうがはせん切りにする。

3 鍋に**1**と**2**を入れ、Ⓐを加える。ふたをして中火にかけ、鍋が温まったらごく弱火にして20分ほど煮る。

豚バラと白菜の春雨鍋

24cm

[ブレイザー]

材料 と 作り方　4人分

豚バラ肉（薄切り）—— 300g
白菜 —— ¹/₄個
春雨（乾燥・早煮タイプ）—— 40g
昆布 —— 20 × 5cm

[ピリ辛ごまだれ]
　白練りごま・豆乳 —— 各大さじ4
　しょうゆ —— 大さじ2
　砂糖・ラー油 —— 各大さじ1

1 鍋に昆布と水5カップを入れて1時間以上おく。

2 豚バラ肉は半分の長さに切る。白菜は芯は細切り、葉はざく切りにする。

3 1を中火にかけて豚肉と白菜の芯を入れ、煮立ったらアクを取る。ふたをして弱火で15分ほど煮て、白菜の葉と春雨を加えて再びふたをしてさっと煮る。

4 ピリ辛ごまだれの材料を混ぜ合わせ、かけながら食べる。

真紀メモ

ピリ辛ごまだれの代わりに、ポン酢しょうゆで食べるのもおすすめ。白菜の代わりにキャベツでもOK。

豚肩ロースと
にんじんの押し麦スープ

20cm

［深型ラウンド］

材料と作り方　4人分

豚肩ロース肉（ブロック）—— 500g
にんじん —— 2本
玉ねぎ（みじん切り）—— $1/2$個分
にんにく（半分に切って芯を取る）
　　—— 2かけ分
押し麦（乾燥）—— 45g
オリーブ油 —— 大さじ2
塩・こしょう —— 各適量
パセリ（刻む）—— 適量

真紀メモ

押し麦は食物繊維が豊富。からだの調子を整えたいときにおすすめのスープです。にんじんの代わりに、じゃがいもやさつまいもでもOK。

1 豚肩ロース肉は2cm角に切り、ポリ袋に入れて塩大さじ$1/2$をまぶしてもみ込み、冷蔵庫で半日以上おく（3日間冷蔵保存可能）。

2 1の豚肉を取り出して水分をふき取る。にんじんは8mm厚さの輪切りにする。

3 鍋にオリーブ油を中火で熱し、豚肉、玉ねぎ、にんにくを入れて炒める。玉ねぎに透明感が出たら水4カップを加え、煮立ったらアクを取る。にんじんを加え、ふたをしてごく弱火で30分ほど煮る。

4 押し麦を加え、再びふたをして20分ほど煮る。塩、こしょうで味を調え、器に盛ってパセリを散らす。

豚肩ロースと
白いんげん豆のカスレ

24cm

［ ブレイザー ］

材料と作り方　4人分

豚肩ロース肉（ブロック）—— 500g
白いんげん豆の水煮
　　—— 1パック（380g）
玉ねぎ —— $1/2$個
セロリ —— $1/2$本
白ワイン —— $1/2$カップ
Ⓐ ┌ トマトピューレ —— 200g
　├ ローリエ —— 2枚
　└ タイム（あれば）—— 5〜6枝
ソーセージ —— 大4本
パン粉 —— 適量
オリーブ油　　大さじ2
塩・こしょう —— 各適量

1 豚肩ロース肉は3〜4cm角に切り、ポリ袋に入れて塩大さじ$1/2$をまぶしてもみ込み、冷蔵庫で半日以上おく（3日間冷蔵保存可能）。

2 1の豚肉を取り出し、水分をふき取る。白いんげん豆の水煮は、水でさっと洗ってざるに上げる。玉ねぎとセロリは薄切りにする。

3 鍋にオリーブ油を中火で熱し、玉ねぎとセロリを炒める。透明感が出てきたら、豚肉を加えて表面を焼きつけ、白ワインを加えてアルコール分を飛ばす。

4 3にⒶと水1カップを加え、ふたをしてごく弱火で50分ほど煮込む。白いんげん豆とソーセージを加え、再びふたをして20分ほど煮て、塩、こしょうで味を調える。

5 表面にパン粉をふり、ふたをせずに220℃のオーブンで20分ほど焼く。

真紀メモ

じっくり煮ることで肉はやわらかく、豆には味がしっかりしみ込みます。鍋が入る大きさのオーブンがなければ、手順4の煮上がりを食べてもいいんです。大豆、ひよこ豆、ミックスビーンズなど、お好みの豆でアレンジしてね。

豚肩ロースとかぼちゃの
ハーブマリネ焼き

24cm

［ ブレイザー ］

材料 と 作り方　4人分

豚肩ロース肉（ブロック）—— 400g
かぼちゃ —— ¹/₄個

Ⓐ
- にんにく（みじん切り）—— 2かけ分
- オレガノ（ドライ）—— 小さじ1
- 塩 —— 小さじ1
- 粗びき黒こしょう —— 適量
- オリーブ油 —— 大さじ2

1 豚肩ロース肉は3〜4cm角に切り、ポリ袋に入れてⒶを加えてもみ込み、冷蔵庫で1〜2時間マリネする。

2 かぼちゃは種とワタを取り、3〜4cm角に切って皮のまん中をむく。

3 鍋に**1**をⒶごと入れ、**2**を加えてざっくり混ぜる。中火にかけて豚肉の表面を焼きつける。焼き色がついたら、ふたをして弱火で20分ほど蒸し焼きにする。

4 ふたをとって中火で水分を飛ばし、塩（分量外）で味を調える。

真紀メモ

肉をしっかりマリネするのがポイント。かぼちゃは皮のまん中をむいておくと、皮がはがれにくくなります。かぼちゃの代わりにさつまいも、じゃがいも、にんじんなどでもOK。

豚肩ロース肉 × かぼちゃ

スペアリブと大根の花椒煮

20cm
[深型ラウンド]

材料 と 作り方　3人分

スペアリブ（ハーフカット）── 6本

大根 ── 15㎝

Ⓐ
- しょうが（薄切り）── 1かけ分
- にんにく（半分に切って芯を取る）── 2かけ分
- 花椒（粒）── 大さじ1
- 赤とうがらし（半分にちぎる）── 1本
- 酒 ── $1/3$ カップ
- 水 ── 4カップ

ナンプラー ── 大さじ2〜3

塩 ── 適量

1 スペアリブは熱湯でさっとゆで、水で洗ってざるに上げる。

2 大根は皮をむいて乱切りにする。

3 鍋に**1**とⒶを入れて中火にかける。煮立ったらアクを取り、ふたをしてごく弱火で1時間ほど煮込む。

4 **3**に**2**とナンプラーを加え、再びふたをして30分ほど煮て、塩で味を調える。

真紀メモ

ことこと煮込んだスペアリブは、骨からほろりと外れるほどやわらか。
花椒のしびれるような辛さがアクセント。なければ黒粒こしょうで代用を。

豚バラ肉 × にら

豚バラとにらの
スンドゥブチゲ

24cm

[ブレイザー]

材料 と 作り方　4人分

豚バラ肉（薄切り）—— 300g

にら —— 1束

絹ごし豆腐 —— 1丁

キムチ —— 1カップ

食べる煮干し —— 20g

Ⓐ
- みそ —— 大さじ2
- コチュジャン —— 大さじ2
- しょうゆ —— 大さじ1
- にんにく（すりおろし）—— 2かけ分

1 鍋に煮干しと水4カップを入れて30分以上おく。

2 豚バラ肉とにらは4cm長さに切る。

3 **1**を中火にかけて豚肉を入れ、煮立ったらアクを取る。Ⓐを加えて溶かし、豆腐を大きなスプーンでざっくりすくって入れ、キムチも加えて再び煮立つまで煮る。火を止めてにらを加え、余熱で火を通す。

真紀メモ

煮干しは具材としても生かしたいので、「食べる煮干し」などの名で売られている、そのまま食べておいしいものを使います。あさりを加えるとさらに風味アップ。

29

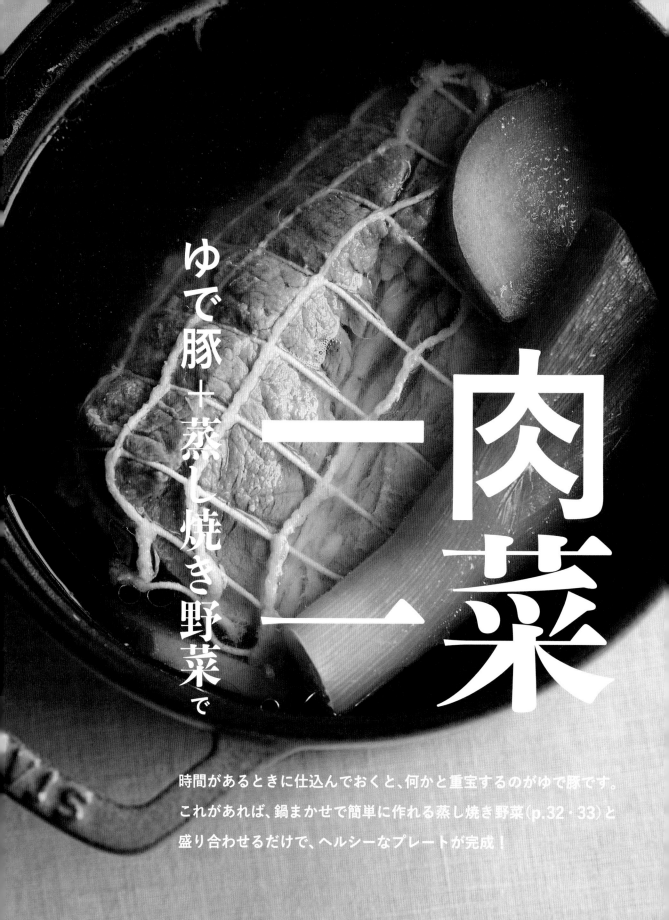

肉一菜一

ゆで豚＋蒸し焼き野菜で

時間があるときに仕込んでおくと、何かと重宝するのがゆで豚です。
これがあれば、鍋まかせで簡単に作れる蒸し焼き野菜（p.32・33）と
盛り合わせるだけで、ヘルシーなプレートが完成！

ゆで豚

50分以上ゆでるとやわらかくなります。
いろいろな料理に活用できます。

材料 と 作り方　4人分

豚肩ロース肉（ブロック）—— 500g
塩 —— 大さじ$\frac{1}{2}$
長ねぎの青い部分 —— 1本分
しょうが（薄切り）—— 3枚

16cm
［ ラウンド ］

1 豚肩ロース肉はポリ袋に入れ、塩をまぶしてもみ
　込み**a**、冷蔵庫で半日以上おく（3日間冷蔵保存
　可能）。

2 **1**の豚肉を取り出して水分をふき取り**b**、鍋に入
　れる。長ねぎの青い部分としょうがを加え、水を
　ひたひたに注ぐ**c**。中火にかけて煮立ったらアク
　を取り**d**、ふたをしてごく弱火で50分以上ゆで
　る。火を止めて冷めるまでおく。

食べ方

ゆで豚を取り出して汁気をきり、7～8mm厚さの薄切
りにする。蒸し焼き野菜と盛り合わせて好みの調味料
で味わったり（p.34・35）、キムチとともにえごまの葉
で包んで食べたり、チャーシュー代わりにラーメンに
のせたり、刻んでチャーハンの具材にしてもいい。

保存方法

長ねぎとしょうがを取り除き、ゆで汁ごと保存容器に
入れて冷蔵庫で保存する。保存期間は3日間ほど。

蒸し焼き野菜 —— ①

ストウブのパワーが一番よくわかるのは、実は野菜の蒸し焼き
です。ゆで豚と合わせて一品に仕立てるもよし（p.35）、そのま
ま温野菜として味わうのもおすすめ。

20cm
［ラウンド］

かぼちゃの蒸し焼き

きのこの蒸し焼き

18cm
［ラウンド］

材料と作り方　3人分

かぼちゃ —— 1／4個
塩 —— 1つまみ
オリーブ油 —— 大さじ2

1 かぼちゃは種とワタを取り、2
〜3cm大に切る。

2 鍋に**1**を入れ、塩をふってオリ
ーブ油をまわしかけ、水大さじ
1を加える。ふたをして弱火で
15分ほど蒸し焼きにする。

材料と作り方　3人分

しいたけ —— 4枚 　　　にんにく —— 1〜2かけ
エリンギ —— 1パック 　塩 —— 1つまみ
まいたけ —— 1パック 　オリーブ油 —— 大さじ2
しめじ —— 1パック

1 しいたけは軸を落とし、そのほかのきのこは石づきを
取る。エリンギは乱切り、まいたけとしめじはほぐす。
にんにくは半分に切って芯を取る。

2 鍋に**1**を入れて塩をふり、オリーブ油をまわしかける。
ふたをして中火で10分ほど蒸し焼きにする。

ズッキーニの蒸し焼き

17cm
[オーバル]

材料と作り方　3人分

ズッキーニ（黄・緑）―― 各1本
塩―― 1つまみ
オリーブ油―― 大さじ2

1 ズッキーニはへたを落として乱切りにする。

2 鍋に**1**を入れて塩をふり、オリーブ油をまわしかける。ふたをして中火で10分ほど蒸し焼きにする。

真紀メモ

塩の役割は味つけというより、野菜の風味を引き出すため。油はオリーブ油にかぎらず、ごま油など好みのものを使ってください。

かぶの蒸し焼き

15cm
[オーバル]

材料と作り方　3人分

かぶ ―― 3個
タイム ―― 4〜5枝
塩 ―― 1つまみ
オリーブ油 ―― 大さじ2

1 かぶは8等分のくし形切りにする。

2 鍋に**1**を入れてタイムをのせ、塩をふり、オリーブ油をまわしかける。ふたをして中火で10分ほど蒸し焼きにする。

Boiled Pork & Vegetables

ゆで豚の薄切りと4種類の蒸し焼き野菜を盛り合わせるだけで、見映えのする一品になります（p.34）。めいめい取り分けて、レモン、しょうゆ、結晶塩、ゆずこしょう＆オリーブ油、粒マスタードなど、お好みの味つけで自由に楽しみましょう。

staub

on the
Table

#01

料理もご飯もデザートも、すべてストウブで作っておもてなししてみませんか？ プロも愛用する鍋だから、家庭料理をワンランク上に見せてくれます。テーブルに運んでふたを開けると、みんなの歓声が！

ストウブでおもてなし

ストウブでおもてなし

ミートローフ

17cm
［ オーバル ］

材料 と 作り方　4人分

合いびき肉 —— 500g
玉ねぎ（みじん切り）—— $1/2$個分
にんじん（みじん切り）—— $1/3$本分
セロリ（みじん切り）—— 小1本分
Ⓐ ┌ 卵（溶きほぐす）—— 1個
　 │ パン粉 —— $1/2$カップ
　 │ にんにく（みじん切り）—— 2かけ分
　 │ ナツメグパウダー —— 小さじ1
　 │ 塩 —— 小さじ$1/2$
　 └ こしょう —— 適量
Ⓑ ┌ トマトケチャップ —— 大さじ4
　 └ ウスターソース —— 大さじ2
オリーブ油 —— 大さじ2

1 鍋にオリーブ油を中火で熱し、玉ねぎ、にんじん、セロリを甘みが出るまで炒める。火から下ろして冷ます。

2 冷めた**1**に合いびき肉とⒶを加え、手早くむらなく混ぜ合わせる**a**。表面を平らにならし**b**、180℃に予熱したオーブンでふたをせずに45分ほど焼く。

3 **2**の鍋を傾けて焼き汁をフライパンに取り出し、Ⓑを加えて混ぜ合わせる。中火で軽く煮詰め、ミートローフにかける。大きなスプーンでざっくりすくって器に盛る。

材料 と 作り方　4人分

ミニトマト（へたを取る）—— 約20個
米 —— 2合
水 —— 380㎖
しょうゆ —— 大さじ2
Ⓐ ┌ バターまたは粉チーズ —— 好みで適量
　 └ 粗びき黒こしょう —— 好みで適量

18cm
［ ラウンド ］

ミニトマトの炊き込みご飯

1 米はといでざるに上げ、鍋に入れて分量の水を加えて30分浸水させる。

2 **1**にしょうゆを加えてひと混ぜし、ミニトマトをのせる**a**。ふたをして中火にかけ、ぐつぐつと沸騰した音がしてきたら、ごく弱火にして12分炊く。

3 火を止めて10分ほど蒸らし、ミニトマトをつぶさないように底から混ぜ、器によそってⒶをかける。

ストウブでおもてなし

真紀メモ

ミートローフとミニトマトの炊き込みご飯を一皿に盛り合わ

せて。ベビーリーフのサラダを添えるのもおすすめです。

材料と作り方　4人分

全卵 —— 5個
卵黄 —— 1個分
牛乳 —— 3カップ
砂糖 —— 100g
バニラエッセンス —— 4〜5滴

[キャラメルソース]
│ グラニュー糖 —— 100g
│ 水 —— 大さじ2

[ラウンド]

ストウブプリン

1 キャラメルソースを作る。型として使う鍋に
グラニュー糖と水を入れ、中火にかける。縁
が茶色に色づいてくるまで触らずに待ち、色
づいてきたら火から外して鍋を軽く揺する
a。同じことを2〜3回くり返して全体が茶
色になったら**b**、すぐに火からおろして鍋底
をぬれ布巾に当てて冷ます。

2 別の鍋に牛乳と砂糖を入れ、中火で温めて砂
糖を完全に溶かし、人肌くらいに冷ます。

3 ボウルに全卵、卵黄、バニラエッセンスを入
れ、泡立て器でむらなく混ぜる。

4 3に2を加え、むらなく混ぜる。

5 4をざるを通して1に注ぎ入れる（**c**・カラザ
や卵白のかたまりを取り除く）。

6 天板に5の鍋をのせ、天板に熱湯を注ぎ**d**、
170℃に余熱したオーブンで40分ほど湯せ
ん焼きにする。表面がふるふると揺れるくら
いが焼き上がりの目安。

7 天板から出し、鍋底を水に浸して粗熱を取る。
冷蔵庫でよく冷やし、スプーンで底からすく
って器に盛る。

真紀メモ

キャラメルソースを作った鍋をそのまま型として使うから、
洗う手間なし、ソースの無駄もなし！ おまけに厚手の鍋で
たっぷりの量を湯せん焼きにするから、スが入らず、なめら
かな口溶けに。

鶏肉で一肉一菜

Chicken

23cm
[オーバル]

鶏ももと
ピーマンの煮込み

真紀メモ

ピーマンを丸のまま使うと食べごたえがあってジューシー。おいしい煮汁をパスタにからめてめしあがれ。もも肉の代わりにむね肉でもOK。

材料と作り方　4人分

鶏もも肉 —— 2枚

ピーマン —— 4個

玉ねぎ —— $1/2$個

セロリ —— $1/2$本

白ワインビネガー —— 大さじ2

Ⓐ ┌ オリーブ —— 10個
　 │ トマトピューレ —— 200g
　 │ ローリエ —— 2枚
　 └ オレガノ（ドライ）—— 小さじ1

塩・こしょう・小麦粉 —— 各適量

オリーブ油 —— 大さじ2

マカロニ（塩ゆで）—— 好みで適量

1 鶏もも肉は2等分に切り、塩、こしょうを少々ふり、小麦粉を薄くまぶす。

2 玉ねぎとセロリは薄切りにする。

3 鍋にオリーブ油大さじ1を中火で熱し、**1**を両面香ばしく焼く。ワインビネガーをふりかけ、さっとからめて取り出す。

4 **3**の鍋に残りのオリーブ油を足し、**2**を弱めの中火でじっくり炒める。甘みが出たら**3**を戻し、丸のままのピーマンとⒶを加えてひと混ぜする。ふたをして弱火で30分ほど煮込む。

5 塩、こしょうで味を調え、器に盛ってゆでたマカロニを添える。

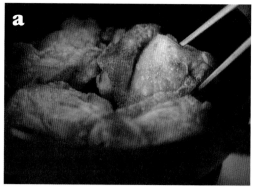

鶏もも肉 —— 2枚
トマト —— 2個
モッツァレラチーズ —— 1個
にんにく（みじん切り）—— 2かけ分
バジルの葉 —— 6〜8枚
塩・粗びき黒こしょう —— 各適量
オリーブ油 —— 大さじ2

1 鶏もも肉は2等分に切り、塩少々をふる。トマトはへたを取ってざく切りにする。モッツァレラチーズは5mm厚さに切る。

2 鍋にオリーブ油を中火で熱し、鶏肉を皮目を下にして並べ入れ、香ばしく色づいたら返し**a**、全面を色づける。

3 鶏肉を端に寄せてにんにくを入れ、香りが出たらトマトを加え**b**、肉にからめる。ふたをして10分ほど煮て、塩で味を調える。

4 モッツァレラチーズをのせ**c**、ふたをしてチーズを溶かす。火を止めてバジルの葉をちぎってのせ、器に盛って粗びきこしょうをふる。

鶏もものトマト煮
モッツァレラチーズのせ

24cm

［ ブレイザー ］

真紀メモ

鶏肉・トマト・モッツァレラチーズは鉄板の組み合わせ。簡単なのに見映えがするから、おもてなしにもおすすめです。にんにくは最初から入れると焦げるので、肉を焼いてから加えて。鶏むね肉で作ってもいいし、チーズはピザ用、粉チーズなどお好みのものを。

材料と作り方　4人分

鶏手羽元——8本
パプリカ（赤）——2個
玉ねぎ（みじん切り）——1個分
Ⓐ ┌ にんにく（すりおろし）——2かけ分
　 │ しょうが（すりおろし）——2かけ分
　 │ トマトピューレ——100g
　 └ カレー粉——大さじ2
塩——適量
サラダ油——大さじ2
ご飯——適量

1 鶏手羽元は熱湯でさっとゆで、ざるに上げる。

2 パプリカは縦4等分に切り、へたと種を取る。

3 鍋にサラダ油を弱めの中火で熱し、玉ねぎをじっくり炒める。甘みが出たら、Ⓐと塩1つまみを加えて中火で炒め合わせる。

4 3に1と水1カップを加え、ふたをしてごく弱火で30分ほど煮込む。2を加え、再びふたをして20分ほど煮込む。塩で味を調え、ご飯に盛り合わせる。

手羽元と
パプリカのカレー

20cm
［深型ラウンド］

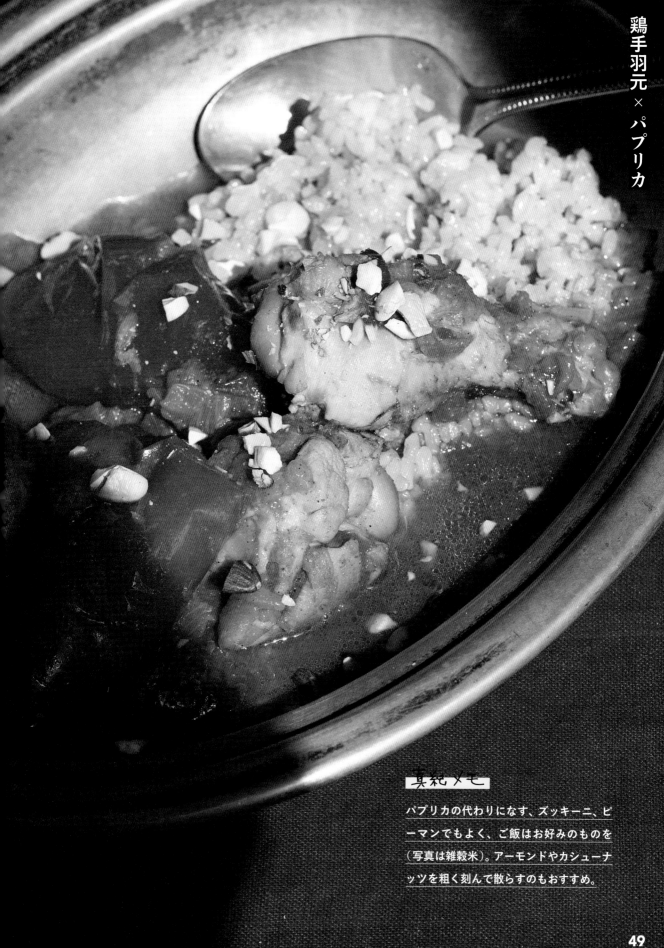

鶏手羽元 × パプリカ

真純メモ

パプリカの代わりになす、ズッキーニ、ピ
ーマンでもよく、ご飯はお好みのものを
（写真は雑穀米）。アーモンドやカシューナ
ッツを粗く刻んで散らすのもおすすめ。

鶏ももと大根の
しょうゆマーマレード煮

24cm

［ ラウンド ］

材料 と 作り方　4人分

鶏もも肉 —— 2枚

大根 —— 10cm

Ⓐ
- 酒 —— 大さじ1
- しょうゆ —— 大さじ2
- マーマレード —— 大さじ2〜3
- しょうが（薄切り）—— 4枚
- 水 —— $1/2$ カップ

1 鶏もも肉は4〜6等分に切り、熱湯でさっとゆでてざるに上げる。大根は皮をむき、2cm厚さの半月切りにする。

2 鍋にⒶを入れ、中火にかけて混ぜる。煮立ったら**1**を加え、ふたをして弱火で30分ほど煮る。ふたを取り、煮汁が半量くらいになるまで中火で煮詰める。

真紀メモ

マーマレードの量はお好みで調節を。代わりにメープルシロップを使ってもOK。

鶏ももと
さといもの煮もの

24cm

[ラウンド]

材料と作り方　4人分

鶏もも肉 —— 大1枚

さといも —— 小ぶり8個

干ししいたけ（水1カップでもどす）

　　—— 4枚

Ⓐ ┌ 砂糖 —— 大さじ2
　│ 酒 —— 大さじ1
　│ 干ししいたけのもどし汁 —— $1/2$ カップ
　└ 水 —— $1/2$ カップ

しょうゆ —— 大さじ3

サラダ油 —— 大さじ1

1 鶏もも肉は4〜6等分に切る。さといもは皮をむく。もどした干ししいたけは、軸を落として2等分に切る。

2 鍋にサラダ油を中火で熱し、鶏肉を皮目を下にして並べ入れる。焼き色がついたら返して同様に色づけ、さといもとしいたけを加えてざっと混ぜる。

3 Ⓐを加え、ふたをして弱火で20分ほど煮る。しょうゆを加えて再びふたをして20分ほど煮る。

真紀メモ

味がよくしみたさといもが主役。代わりにじゃがいもでもOK。

51

鶏むねとカリフラワーの
クリーム煮

20cm
[ラウンド]

材料 と 作り方　4人分

鶏むね肉 ── 2枚

カリフラワー ── 1個

玉ねぎ ── $1/2$個

ローリエ ── 2枚

生クリーム ── $1/2$カップ

牛乳 ── $1/2$カップ

バター ── 大さじ1

オリーブ油 ── 大さじ2

塩・こしょう・小麦粉 ── 各適量

粗びき黒こしょう ── 適量

1 鶏むね肉は3〜4cm大に切り、塩、こしょうを少々ふって、小麦粉を薄くまぶしつける。

2 カリフラワーは小房に分け、玉ねぎは薄切りにする。

3 鍋にオリーブ油を中火で熱し、**1**を両面とも軽く焼く。玉ねぎを加えてしんなりするまで炒め、カリフラワー、ローリエ、水$1/2$カップを加え、ふたをして弱火で15分ほど煮る。

4 生クリームと牛乳を加えてひと煮立ちさせ、仕上げにバターを加えて全体を混ぜ、塩、こしょうで味を調える。器に盛り、粗びきこしょうをふる。

真紀メモ

加える水分が少なくても、煮汁がしっかりたまるのがストウブのいいところ。おいしい煮汁にパンを浸して食べてみて！　粉チーズをふるのもおすすめ。カリフラワーの代わりにじゃがいもでもOK。

手羽元と
ごぼうの煮もの

真紀メモ

こういうシンプルな和の煮ものもストウブは得意。
煮上げた後、冷めるまでおくとごぼうにしっかり味
がしみます。こんにゃくを加えてもおいしいし、ご
ぼうの代わりに、れんこんやさといもでもOK。

23cm

［ オーバル ］

材料と作り方　3人分

鶏手羽元 —— 6本
ごぼう —— 短2本
だし —— 150㎖
砂糖 —— 大さじ1・$^1/_2$
しょうゆ —— 大さじ3
酒 —— 大さじ3

1 鶏手羽元は熱湯でさっとゆで、ざるに上げる。

2 ごぼうはたわしでこすって洗い、5㎝長さの斜め切りにする。

3 鍋にだし、砂糖、しょうゆ、酒を入れ、中火にかける。煮立ったら**1**と**2**を入れ、ふたをして弱火で30分ほど煮る。

[ブレイザー]

手羽中と
れんこんの黒酢煮

材料と作り方　4人分

鶏手羽中 —— 8本

れんこん —— 10cm

Ⓐ
- にんにく（半分に切って芯を取る）—— 2かけ分
- しょうが（薄切り）—— 2かけ分
- 赤とうがらし —— 1〜2本
- 黒酢・水 —— 各 $\frac{1}{2}$ カップ
- しょうゆ・酒 —— 各 $\frac{1}{3}$ カップ
- 砂糖 —— 大さじ2

パクチー —— 好みで適量

1 鶏手羽中は熱湯でさっとゆで、ざるに上げる。れんこんは
皮をむいて乱切りにする。

2 鍋にⒶを入れて中火にかけ、煮立ったら**1**を加え、ふたを
して弱火で30分ほど煮る。器に盛り、パクチーを添える。

24cm
［ ラウンド ］

鶏スペアリブと
さつまいもの蒸し焼き

真紀メモ

レモンとタイムの香りがアクセント。さつまいもの代わりにじゃがいもでもOK。

材料と作り方　4人分

鶏スペアリブ（手羽中の半割り）
　　── 16本
さつまいも ── 1本
レモン（国産）── $1/2$個
にんにく（みじん切り）── 2かけ分
タイム ── 2〜3枝
塩・こしょう ── 各適量
オリーブ油 ── 大さじ3

1 鶏スペアリブは表面の水分をふき取る。さつまいもは乱切り、レモンは薄い輪切りにする。

2 鍋に**1**、にんにく、タイムを入れ、塩、こしょうを少々ふり、オリーブ油をまわしかけて全体を混ぜる。ふたをして中火にかけ、鍋が温まったら弱火にして20〜30分ほど蒸し焼きにする。塩、こしょうで味を調える。

[ラウンド]

骨つき鶏ももと
白菜のとろとろ煮

真純メモ

鶏肉をとろりとするまで煮込んで、韓
国料理の参鶏湯（サムゲタン）風に。
きざんだねぎを添えて食べてもOK。

材料と作り方　4人分

骨つき鶏もも肉 —— 2本
白菜 —— ¼個
Ⓐ ┌ しょうが（薄切り）—— 2かけ分
　│ にんにく（半分に切って芯を取る）
　│ 　　　　—— 2かけ分
　└ 長ねぎの青い部分 —— 1本分
塩・ごま油 —— 各適量

1 骨つき鶏もも肉は熱湯でさっとゆで、ざるに上げる。白菜は縦半分に切る。

2 鍋に鶏肉を並べ入れ、Ⓐと水4カップを加えて中火にかける。煮立ったらアクを取り、ふたをしてごく弱火で1時間以上煮込む。

3 白菜を加えて塩小さじ1をふり、再びふたをして20分ほど煮る。器に鶏肉と白菜を盛り合わせ、塩を少々ふり、ごま油をかける。

骨つき鶏ももと じゃがいものコンフィ

[ブレイザー]
24cm

材料 と 作り方　4人分

骨つき鶏もも肉 —— 2本
塩 —— 大さじ$1/2$
じゃがいも —— 4個

Ⓐ
- にんにく（半分に切って芯を取る）
  —— 2かけ分
- 赤とうがらし（種を取る）—— 2本
- ローリエ —— 2枚
- ローズマリー —— 2枝
- 黒粒こしょう —— 小さじ$1/2$

オリーブ油 —— $1/2$カップ
マスタード —— 好みで適量

1 骨つき鶏もも肉はポリ袋に入れ、塩をまぶしてすり込み、冷蔵庫で半日以上おく（2日間冷蔵保存可能）。

2 1の鶏肉を取り出して水分をふき取る。じゃがいもはよく洗って芽を取る。

3 鶏肉を皮目を下にして鍋に並べ入れ、すき間にじゃがいもを入れる。鶏肉の上にⒶをのせ、オリーブ油をまわしかける。中火にかけ、鍋が温まったらふたをしてごく弱火で1時間ほど煮込む。

4 火を止めて肉を骨からはずし、じゃがいもをスプーンでざっくりと割る。器に盛り合わせ、マスタードをつけて食べる。

真紀メモ

多めの油でとろ火でクツクツと煮込むのがコンフィ。大きな骨つき肉が向いています。マスタードをぬったバゲットにのせて食べるのもおすすめ。

骨つき鶏もも肉 × じゃがいも

肉一菜一

ゆで鶏＋蒸し焼き野菜で

ゆで鶏はしっとりした食感とすっきりした味わいが魅力。蒸し焼き野菜（p.64・65）と組み合わせるだけで、しゃれた一皿になります。

ゆで鶏

砂糖の保水効果でしっとりやわらか。
まとめてゆでておくと重宝します。

材料 と 作り方　8人分

鶏もも肉・むね肉（片方でも可）── 各2枚
塩・砂糖 ── 各大さじ1
長ねぎの青い部分 ── 1本分
しょうが（薄切り） ── 4枚
酒 ── 大さじ4

24cm
［ラウンド］

1 ポリ袋に鶏もも肉とむね肉を入れ、塩と砂糖をまぶしてもみ込む。冷蔵庫で半日以上おく**a**（2日間冷蔵保存可能）。

2 1の鶏肉を取り出して水分をふき取り**b**、鍋に入れる。長ねぎの青い部分、しょうが、酒を加え、水をかぶるくらいに注ぐ**c**。中火にかけ、煮立ったらアクを取り**d**、ふたをせずに弱火で20分ほどゆでる。火からおろして冷めるまでおく。

食べ方

ゆで鶏を取り出して汁気をきり、7〜8mm厚さのそぎ切りにする。蒸し焼き野菜を添えて、好みの調味料や自家製ソースで味わうのがおすすめ（p.66・67）。サンドイッチ、サラダ、和えものの具材にも、甘じょっぱい照り焼きソースをからめるとおべんとうのおかずにもなる。

保存方法

長ねぎとしょうがを取り除き、ゆで汁ごと保存容器に移して冷蔵庫で保存する。保存期間は3日間ほど。

蒸し焼き野菜 ──②

長ねぎの蒸し焼き

材料と作り方　3人分

17cm
[オーバル]

長ねぎ ── 3本
塩 ── 1つまみ
オリーブ油 ── 大さじ2

長ねぎは青い部分を切り落とし
て3等分の長さに切る。鍋に入
れて塩をふり、オリーブ油をまわ
しかける。ふたをして弱火で
15分ほど蒸し焼きにする。

18cm
[ラウンド]

ペコロスの蒸し焼き

材料と作り方　4人分

ペコロス（ミニ玉ねぎ）── 約16個
塩 ── 1つまみ
オリーブ油 ── 大さじ2

ペコロスは皮つきのまま鍋に入れ、塩をふっ
てオリーブ油をまわしかける。水大さじ2を
加え、ふたをして弱火で20分ほど蒸し焼き
にする。

野菜本来の甘みやうまみをヘルシ
ーに味わうなら、蒸し焼きがおす
すめです。ゆで鶏のつけ合わせに
して自家製ソースをかけたり、レ
モンを絞ったりするだけで、しゃ
れた一皿になります（p.66・67）。

小松菜の蒸し焼き

材料と作り方　3人分

小松菜 ──── 1束
塩 ──── 1つまみ
ごま油 ──── 大さじ2

小松菜は4cm長さに切って洗
い、水気がついたまま鍋に入れ
る。塩をふってごま油をまわし
かけ、ふたをして中火で5分ほ
ど蒸し焼きにする。

[16cm]
[ラウンド]

[23cm]
[オーバル]

にんじんクミン蒸し焼き

材料と作り方　2～3人分

にんじん ──── 2本
クミンシード ──── 小さじ1
塩 ──── 1つまみ
オリーブ油 ──── 大さじ2

にんじんは縦4等分に切る。鍋に入れてクミンシード
と塩をふり、オリーブ油をまわしかける。ふたをして
弱火で20分ほど蒸し焼きにする。

ゆで鶏＋
長ねぎの
蒸し焼き

【食べ方例】
ゆで鶏（p.63）の薄切りに長
ねぎの蒸し焼き（p.64）を添
え、青とうがらしソース*を
かけ、パクチーを添える。
*青とうがらしとにんにくの
みじん切りを好みの割合で合
わせ、ナンプラー、砂糖、レ
モン汁で味を調える。

Boiled Chicken

ゆで鶏＋
小松菜の蒸し焼き

【食べ方例】
ゆで鶏（p.63）の薄切りに小松菜の蒸
し焼き（p.65）を添え、結晶塩をふっ
てごま油をかける。

ゆで鶏＋
にんじんクミン蒸し焼き

【食べ方例】
ゆで鶏（p.63）の薄切りににんじんクミン蒸し焼き（p.65）を添え、マスタードソース*をかける。
*マスタードとマヨネーズを同割で合わせ、はちみつと白ワインビネガーで味を調える。

& Vegetables

ゆで鶏＋
ペコロスの蒸し焼き

【食べ方例】
ゆで鶏（p.63）の薄切りにペコロスの蒸し焼き（p.64）を添え、結晶塩と粗びき黒こしょうをふり、オリーブ油とレモン汁をかける。

67

ひき肉で 一肉一菜
Ground Meat

肉詰めパプリカの中華風蒸し煮

24cm

[ブレイザー]

材料 と 作り方　6個分

パプリカ（赤・黄・オレンジ）
　　── 合計3個
鶏ひき肉（あればもも）── 400g
長ねぎ ── ²/₃本
しょうが ── 2かけ
しいたけ ── 2枚
ザーサイ（粗く刻む）── 大さじ3
塩 ── 小さじ¹/₂
こしょう ── 適量
紹興酒（または酒）── 大さじ2

[中華風ごまだれ]
　炒り白ごま ── 大さじ2
　しょうゆ ── 大さじ2
　ごま油 ── 大さじ1
　一味とうがらし ── 少々

長ねぎ（白い部分のせん切り）── 適量

1 パプリカは縦半分に切り、種を取る。

2 長ねぎとしょうがはみじん切りにする。しいたけは軸を取り、みじん切りにする。

3 ボウルに鶏ひき肉、**2**、ザーサイ、塩、こしょうを入れてよく練り混ぜる。6等分にして**1**に詰める。

4 鍋に**3**を並べ入れ、紹興酒と水大さじ2を加える。ふたをして中火にかけ、鍋が温まったら弱火にして30分ほど蒸し煮にする。

5 器に**4**を盛り、中華風ごまだれの材料を混ぜ合わせてかけ、長ねぎのせん切りをのせる。

真紀メモ

蒸し焼きにすると形がくずれず、肉がふんわりした食感に。ボリュームがあるのでパンチのきいた濃いめのたれをかけ、薬味として白髪ねぎものせて。豚ひき肉で作ってもOK。

真紀メモ

煮汁の味つけを甘くせずに新玉ねぎの甘みを生かします。玉ねぎの代わりに長ねぎでもOK。

材料と作り方　4人分

23cm

[オーバル]

鶏だんごと新玉ねぎの和風スープ

⒜
- 鶏ひき肉（あればもも）—— 500g
- 長ねぎ（みじん切り）—— 10㎝分
- しょうが（すりおろし）—— 2かけ分
- 卵 —— 1個
- 塩 —— 小さじ$1/2$

新玉ねぎ（または玉ねぎ）—— 2個

⒝
- だし —— 3カップ
- うす口しょうゆ —— 大さじ3
- 酒 —— 大さじ1

1 ボウルに⒜を入れてよく練り混ぜる。新玉ねぎは縦半分に切る。

2 鍋に⒝を入れて中火にかけ、煮立ったら肉だねをスプーンで丸くすくって入れる。肉だねの表面が固まったら、端に寄せて新玉ねぎを加え、ふたをして弱火で30分ほど煮る。

15cm

［オーバル］

豚ひき肉と
たけのこのオムレツ

材料と作り方　2人分

卵 —— 3個
豚ひき肉 —— 100g
たけのこの水煮 —— 50g
玉ねぎ —— $^1/_4$個
塩・こしょう —— 各適量
オリーブ油 —— 大さじ2
トマトケチャップ —— 好みで適量

真紀メモ

小ぶりなストウブで作る朝食用の蒸し焼きオムレツ。たけのこの代わりに、玉ねぎ、ズッキーニ、パプリカなどでもOK。

1 卵は溶きほぐし、塩、こしょうを少々加えて混ぜる。

2 たけのこの水煮は薄切り、玉ねぎはみじん切りにする。

3 鍋にオリーブ油を中火で熱し、玉ねぎを甘みが出るまで炒める。豚ひき肉を加えて色が変わるまで炒め、たけのこを加えて炒め合わせる。**1**を加え、ふたをしてごく弱火で30分ほど蒸し焼きにする。トマトケチャップをかけて食べる。

ロールキャベツの
トマトソース煮

材料 と 作り方　6個分

[ブレイザー]

キャベツの葉 —— 大6枚

┌ 合いびき肉 —— 300g
│　玉ねぎ（みじん切り）—— $1/4$ 個分
│　マッシュルーム（みじん切り）
│　　　—— 6個分
Ⓐ 卵 —— 1個
│　パン粉 —— 大さじ3
│　ノツメグパウダー —— 小さじ1
│　塩 —— 小さじ $1/2$
└ こしょう —— 適量

┌ トマトピューレ —— 200g
Ⓑ ローリエ —— 2枚
└ 塩・粗びき黒こしょう —— 各少々

真紀メモ

ロールキャベツがちょうど並べ入れられるサイズの鍋で煮ると、ふっくらおいしく仕上がります。すき間があきすぎるようでは鍋が大きすぎ。キャベツの代わりに白菜で作ってもいいですよ。

1 キャベツの葉は水で洗い、芯を削いで薄くする**a**。水気がついたままの葉を重ねて耐熱皿にのせ、ラップをふわっとかけて電子レンジ（600W）で3分ほど加熱する。

2 ボウルにⒶを入れてよく練り混ぜ、6等分にする。

3 まな板に**1**を芯を手前にして広げ、**2**を俵形に軽くまとめて手前にのせ、ひと巻きする**b**。両端を内側に折り返して包み**c**、最後まで巻く。巻き終わりをようじで留める**d**。

4 **3**を巻き終わりを下にして鍋に並べ入れ、Ⓑと水1カップを加える。ふたをして中火にかけ、鍋が温まったらごく弱火にして1時間ほど煮込む。途中で2～3回、煮汁を全体にまわしかける。

24cm

［ブレイザー］

ミートボールと
さやいんげんの煮込み

材料と作り方　4人分

Ⓐ
- **合いびき肉** —— 500g
- 玉ねぎ（みじん切り）—— 1/2個分
- にんにく（みじん切り）—— 2かけ分
- パン粉 —— 1/3カップ
- 塩 —— 小さじ1
- こしょう —— 適量

小麦粉 —— 適量

さやいんげん —— 16本

Ⓑ
- トマトピューレ —— 200g
- ウスターソース —— 大さじ2
- 塩 —— 少々
- タイム（あれば）—— 5～6枝

オリーブ油 —— 大さじ2

1 ボウルにⒶを入れてよく練り混ぜる。直径4cmほどのボール状に丸め、小麦粉を薄くまぶす。

2 さやいんげんはへたを切り落とす。

3 鍋にオリーブ油を中火で熱し、**1**を焼く。転がして全体に焼き色をつけ、端に寄せて**2**を加え、Ⓑと水1カップを加え、ふたをして弱火で30分ほど煮る。

真紀メモ

肉だねを粘りが出るまでしっかりと練り混ぜると煮くずれしにくくなります。さやいんげんの代わりにアスパラガスでもOK。

20cm
［深型ラウンド］

牛ひき肉とキドニービーンズのチリコンカン

トルティーヤチップスにチリコンカンをのせたり、それをさらにレタスで包む食べ方もおすすめ。豆は大豆、ひよこ豆など好みのものを。

材料と作り方　4人分

牛ひき肉 —— 300g
キドニービーンズの水煮 —— 380g

Ⓐ
- 玉ねぎ（みじん切り）—— $1/2$ 個分
- セロリ（みじん切り）—— $1/2$ 本分
- にんにく（みじん切り）—— 2かけ分

Ⓑ
- クミンパウダー —— 小さじ2
- チリパウダー —— 小さじ2
- 塩 —— 小さじ1
- こしょう —— 適量

トマトピューレ —— 200g
オリーブ油 —— 大さじ2
リーフレタス —— 適量
トルティーヤチップス —— 適量

1 鍋にオリーブ油を弱めの中火で熱し、Ⓐをじっくり炒める。野菜の甘みが出たら、牛ひき肉を加えてさらに炒める。

2 肉の色が変わったら、Ⓑを加えて香りが立つまで炒める。トマトピューレ、水 $1/2$ カップ、水洗いして水気をきったキドニービーンズの水煮を加え、ふたをして弱火で30分ほど煮る。塩、こしょう（各分量外）で味を調え、器に盛り、リーフレタスとトルティーヤチップスを添える。

staub

on the
Table

#02

ワインをおいしく飲みたいときは、おつまみ作りもぬかりなく。肉料理は前日からいそいそと仕込み、野菜料理は当日ちゃっちゃと作ります。どの料理もストウブだから、味わい深い仕上がりに。

プルドビーフのオープンサンド

[ラウンド]

材料 と 作り方　4人分

[プルドビーフ]
牛すね肉 —— 400g
塩 —— 大さじ1
砂糖 —— 小さじ2
Ⓐ
　ローリエ —— 2枚
　セロリの葉（茎ごと）—— 1本分
　黒粒こしょう —— 小さじ1
　にんにく（半分に切って芯を取る）
　　　—— 2かけ分

[BBQソース]
　トマトケチャップ —— 大さじ3
　ウスターソース —— 大さじ2
　はちみつ・しょうゆ —— 各大さじ1
　ナツメグ・クミン（各パウダー）
　　　—— 各小さじ$1/2$
　こしょう —— 少々

[卵のタルタル]
　ゆで卵 —— 2個
　紫玉ねぎ（みじん切り）—— $1/4$個分
　マヨネーズ —— 大さじ2
　塩・こしょう —— 各適量

[サンドイッチの組み立て]
　アボカド・紫玉ねぎ（薄切り）—— 各適量
　好みのパン（スライス）—— 適量
　マスタード —— 適量

[プルドビーフ]

1 牛すね肉はポリ袋に入れ、塩と砂糖をまぶしてもみ込み、冷蔵庫で半日以上おく（3日間冷蔵保存可能）。

2 1の牛肉を取り出して水分をふき取り、鍋に入れてⒶを加え、水2カップを注ぐ。中火にかけ、煮立ったらアクを取り、ふたをしてごく弱火で2時間以上煮込む。火を止めて粗熱がとれるまでおく**a**。

3 2の牛肉を取り出して汁気をきり、フォークで細かくほぐす**b**。

[BBQソース]

4 材料すべてを混ぜ合わせる。

[卵のタルタル]

5 ゆで卵をフォークで粗くつぶし、水にさらして水気をふいた紫玉ねぎ、マヨネーズを加えて混ぜ合わせ、塩、こしょうで味を調える。

[サンドイッチの組み立て]

6 パンをトーストしてマスタードをぬり、プルドビーフをのせてBBQソースをかけ、卵のタルタルかアボカドと紫玉ねぎをのせる。

ストウブでワインのおつまみ

真紀メモ

プルドビーフは脂が適度に抜けていて、
脂たっぷりの市販のコンビーフよりず
っとヘルシー。卵のタルタルやアボカド
などのほか、お好みの具材でオープンサ
ンドに。ブランチにもおすすめ。

真紀メモ

火からおろして鍋のまま冷まして
味をなじませます。夏なら冷蔵庫
で冷やしても。

ラタトゥイユ

[ラウンド]

材料 と 作り方　4人分

なす —— 3本
ズッキーニ —— 1本
パプリカ（赤）—— 1個
トマト —— 2個
玉ねぎ —— 1個
セロリ —— 1本
にんにく —— 2かけ
タイム —— 適量
オリーブ油 —— 大さじ2
塩 —— 適量

1 なすとズッキーニは、へたを落として3cm厚さの
いちょう切りにする。パプリカはへたと種を取り、
トマト、玉ねぎとともに3cm角に切る。セロリは
2cm幅に切る。にんにくは半分に切って芯を取る。

2 鍋にオリーブ油とにんにくを入れて中火にかけ、
トマト以外の野菜を入れて甘みが出るまでよく炒
める。トマトとタイムを加え、塩をふってざっと
炒め、ふたをして弱火で10分ほど蒸し煮にする。
塩で味を調える。

真紀メモ
ソーセージの代わりにベーコンでも、じゃがいもの代わりにさつまいもでもOK。

ジャーマンポテト

17cm

［オーバル］

材料と作り方　4人分

じゃがいも —— 3個
ソーセージ —— 小6本
にんにく（みじん切り）—— 2かけ分
パセリ（みじん切り）—— 適量
塩・こしょう —— 各適量
オリーブ油 —— 大さじ2

1 じゃがいもは皮をむいて芽を取り、2cm角に切る。ソーセージは2等分の斜め切りにする。

2 鍋にオリーブ油を中火で熱し、**1**をさっと炒めて全体に油をまわし、ふたをして弱火で10分ほど蒸し焼きにする。にんにくを加え、炒め合わせて味をなじませる。

3 塩、こしょうで味を調え、パセリをふって全体を混ぜる。

牛肉・ラム肉で

一肉一菜

Beef & Lamb

[深型ラウンド]

じゃがいも ビーフシチュー

材料と作り方　4人分

牛すね肉 —— 400g

じゃがいも —— 5個

にんじん —— $1/2$本

セロリ —— $1/2$本

玉ねぎ —— $1/2$個

Ⓐ
┌ トマトピューレ —— 200g
│ ローリエ —— 2枚
└ セロリの葉 —— 4〜5枚

塩・こしょう —— 各適量

バター・オリーブ油 —— 各大さじ2

1 牛すね肉は3〜4cm角に切り、塩小さじ1をまぶしてなじませる。にんじん、セロリ、玉ねぎはみじん切りにする。

2 鍋にバターとオリーブ油を入れて中火で熱し、牛肉を焼く。全面に香ばしい焼き色がついたら、取り出す。

3 **2**の鍋ににんじん、セロリ、玉ねぎを入れ、弱めの中火でじっくり炒める。野菜の甘みが出たら**2**を戻し、Ⓐを加えて水3カップを注ぎ、軽く塩、こしょうをする。中火で煮立ててアクを取り、ふたをしてごく弱火で1時間以上煮込む。

4 じゃがいもは皮をむいて芽を取り、**3**に加えて再びふたをして30分ほど煮る。塩で味を調える。

牛すねと
大根の昆布煮

23cm

［オーバル］

材料と作り方　3人分

牛すね肉 —— 300g

大根 —— $^1/_3$本

昆布 —— 20 × 5㎝

Ⓐ
- かつおだし —— 2カップ
- しょうゆ —— $^1/_3$カップ
- 酒 —— $^1/_3$カップ
- 砂糖 —— 大さじ2

1 牛すね肉は3 〜 4㎝角に切り、熱湯でさっとゆでてざるに上げる。

2 大根は皮をむいて2㎝厚さのいちょう切りにする。昆布は鍋に入れやすい長さ、幅に切る。

3 鍋にⒶを入れてひと混ぜし、昆布を加えて中火にかける。鍋が温まったら**1**を加え、ふたをして弱火で30分ほど煮る。

4 大根を加え、再びふたをして1時間ほど煮込む。

真紀メモ

主役は煮汁がよくしみた大根です。昆布はだしと具材の一人二役。こちらにもおいしい煮汁がしみ込んでいます。こんにゃくを加えてもOK。

牛すねとトマトの和風煮込み

24cm

[ブレイザー]

材料と作り方　4人分

牛すね肉 ── 400g
長ねぎの青い部分 ── 1本分
しょうが（薄切り）── 2かけ分
トマト ── 中玉8個
酒 ── 大さじ2
うす口しょうゆ ── 大さじ2
塩 ── 適量

1 牛すね肉は3〜4cm角に切り、ポリ袋に入れて塩小さじ2をまぶしてもみ込み、冷蔵庫で半日以上おく（3日間冷蔵保存可能）。

2 1の牛肉を取り出して水分をふき取り、鍋に入れて長ねぎの青い部分としょうがを加え、水3カップを注ぐ。中火にかけ、煮立ったらアクを取り、ふたをして弱火で1時間ほど煮込む**a**。

3 トマトはへたをくり抜き**b**、2に加える。酒とうす口しょうゆを加え、再びふたをして20分ほど煮る。塩で味を調える。

真紀メモ

牛肉を軽やかに味わいたいときに、このレシピを試してみてください。トマトからうまみたっぷりの汁がしみ出し、しょうゆの風味が重なって、コンソメのようなすっきりした味わいに！

牛切り落とし肉×じゃがいも

究極の
シンプル肉じゃが

17cm
[オーバル]

真紀メモ

玉ねぎもにんじんも入れません。
お肉とおいもだけで十分においし
いから。煮上がったら、鍋のまま
冷ますのがおいしさのこつ。

材料と作り方　4人分

牛切り落とし肉 —— 300g
じゃがいも —— 5個
Ⓐ
　┌ しょうゆ・酒 —— 各大さじ3
　│ 砂糖 —— 大さじ3
　└ 水 —— 1カップ

1 じゃがいもは皮をむいて芽を取り、半分に切る。

2 鍋にⒶを入れて中火で煮立て、牛切り落とし肉を加えてさっと煮て、いったん取り出す。

3 2の鍋に1を入れ、ふたをして弱火で15分ほど煮る。じゃがいもに火が通ったら2を戻し、再びふたをして10分ほど煮る。

牛すじと糸こんにゃくの煮もの

18cm

[ラウンド]

真紀メモ

こんにゃくはこんにゃくいもから作られていて、低カロリー＆低糖質。ことこと煮込むとよく味がしみます。大根を加えてもOK。

材料と作り方　4人分

牛すじ肉 —— 400g
糸こんにゃく（結びタイプ）
　　—— 300g
しょうが（薄切り）—— 1かけ分
Ⓐ
　┌ だし —— 2カップ
　│ しょうゆ —— 大さじ3
　│ 酒・みりん・砂糖
　└ 　　—— 各大さじ2

1 牛すじ肉は熱湯でさっとゆでてざるに上げ、鍋に入れてしょうがを加える。水をひたひたに注ぎ、中火にかける。煮立ったらアクを取り、ふたをしてごく弱火で2時間ほど煮込む。

2 糸こんにゃくは熱湯でさっとゆで、ざるに上げる。

3 別の鍋にⒶを入れ、中火で煮立てる。汁気をきった**1**の牛肉、**2**を加える。ふたをしてごく弱火で1時間以上煮る。

牛すねとビーツの
ボルシチ

24cm

[ラウンド]

材料 と 作り方　4人分

牛すね肉 —— 500g

ビーツ —— 2個

玉ねぎ —— $1/2$個

セロリ —— $1/2$本

にんにく —— 2かけ

ローリエ —— 2枚

トマトペースト —— 大さじ2

オリーブ油 —— 大さじ2

塩・こしょう —— 各適量

サワークリーム —— 適量

ディル（ざく切り）—— 適量

1 牛すね肉は3〜4cm角に切る。玉ねぎとセロリは薄切りにする。にんにくは半分に切り、芯を取る。

2 鍋にオリーブ油を中火で熱し、玉ねぎとセロリを色づくまで炒める。牛肉を加えて炒め合わせ、にんにく、ローリエ、トマトペースト、塩小さじ1、水4カップを加えてひと混ぜする。煮立ったらアクを取り、ふたをしてごく弱火で1時間30分ほど煮る。

3 ビーツは皮をむいて7〜8mm厚さの半月切りにし、**2**に加える。再びふたをして40〜50分煮て、塩、こしょうで味を調える。器に盛り、サワークリームとディルをのせる。

真紀メモ

ビーツは甘みが強く、あざやかな紅色が煮汁を美しく染めてくれます。キャベツ、にんじん、じゃがいもなどを加えてもよく、サワークリームの代わりに水切りヨーグルトでもOK。

牛すね肉 × ビーツ

ラムチョップと
かぶのロースト
スパイス風味

24cm

［ブレイザー］

真紀メモ

ラムチョップの代わりに焼き肉用ラム肉で
も、ステーキ用牛肉でもOK。かぶ以外にパ
プリカやズッキーニも合います。

材料と作り方　2人分

ラムチョップ —— 4本
塩 —— 小さじ1
かぶ —— 2個
オリーブ油 —— 大さじ2

［スパイスミックス］
クミンシード —— 大さじ2
粗びき赤とうがらし（韓国産）
　　 —— 大さじ1
塩 —— 1つまみ

1 スパイスミックスを作る。フライパンにクミンシ
ードを入れ、中火で香りが出るまでから煎りする。
火からおろして粗びき赤とうがらしと塩を加え、
余熱で温めながら混ぜ合わせる**a**。器に取り出し
て冷ます。

2 ラムチョップは表面の水分をふき取り、両面に塩
をふる。かぶは縦半分に切る。

3 鍋にオリーブ油を中火で熱し、**2**を並べ入れて焼
く。肉は途中で返して両面とも香ばしく焼き**b**、
中まで火が通ったら取り出す。ふたをしてかぶを
弱火でさっと蒸し焼きにする。器に盛り合わせ、
ラムチョップに**1**をふりかける。

ラムと
揚げなすのカレー

揚げもの
11cm
［オーバル］

カレー
23cm
［オーバル］

材料と作り方　3人分

ラム肉（焼き肉用）—— 300g
なす —— 2本
玉ねぎ —— 1個

Ⓐ
- しょうが（すりおろす）—— 1かけ分
- にんにく（すりおろす）—— 1かけ分
- トマト缶（カットタイプ）
　　　　 —— 1/2缶（200g）
- カレー粉 —— 大さじ2

塩 —— 適量
サラダ油 —— 適量
温かいご飯 —— 適量

1 なすはへたを取り、8～12等分のくし形切りにする。玉ねぎはみじん切りにする。

2 小ぶりの鍋にサラダ油を1cm深さに入れ、なすを中温（約170℃）でこんがりと揚げ焼きにする。引き上げて油をきる。

3 別の鍋に**2**の油を大さじ2入れ、弱めの中火で玉ねぎをきつね色に炒める。Ⓐを加え、トマトをつぶしながらよく炒めてペースト状にし、ラム肉、水2カップ、塩1つまみを加える。ふたをして弱火で20分ほど煮て、塩で味を調える。

4 器にご飯と**3**を盛り合わせ、カレーに**2**をのせる。

真紀メモ

小ぶりなストウブは油が少なめでも深さが出るから、野菜の素揚げに便利です。小ぶりな鍋がなければ煮込み用の鍋でなすを揚げ、揚げ油を減らして手順3以降を行って。肉は牛、鶏、豚肉でも、好みの豆でもOK。

野口真紀
Maki Noguchi

料理研究家。2児の母で自他ともに認めるワイン好き。愛情と工夫にあふれる家庭料理とワインのおつまみに定評があり、料理教室は順番待ちが出るほどの人気ぶり。近著に『おいしい絵本レシピ』（福音館書店）、『仕込み5分でフレンチも和食も！』（光文社）などがある。

道具協力

STAUB（ストウブ）

ツヴィリング J.A. ヘンケルス ジャパン

☎ 0120-75-7155

https://www.zwilling.com/jp/staub/

デニオ総合研究所

☎ 03-6450-5711

アートディレクション・デザイン

小橋太郎（Yep）

撮影

キッチンミノル

料理アシスタント

野口うた

編集

美濃越かおる

2つのメイン食材でここまでおいしい！
組み合わせを楽しむ肉×野菜のコンビレシピ

ストウブで一肉一菜

2023年11月10日　発　行　　　NDC596

著　　者	野口真紀
発 行 者	小川雄一
発 行 所	株式会社 誠文堂新光社
	〒113-0033 東京都文京区本郷 3-3-11
	電話　03-5800-5780
	https://www.seibundo-shinkosha.net/
印 刷 所	株式会社 大熊整美堂
製 本 所	和光堂 株式会社

©Maki Noguchi. 2023　　　　Printed in Japan

ISBN978-4-416-62384-8